BEI GRIN MACHT SICH IHR WISSEN BEZAHLT

Bernadette Greiten

Wie (nicht-) indexikalisch sind Graffiti?

Versuch einer Kategorisierung nach Peter Auer

GRIN Verlag

Bibliografische Information der Deutschen Nationalbibliothek:

Die Deutsche Bibliothek verzeichnet diese Publikation in der Deutschen National-
bibliografie; detaillierte bibliografische Daten sind im Internet über http://dnb.d-
nb.de/ abrufbar.

Impressum:

Copyright © 2011 GRIN Verlag, Open Publishing GmbH
Druck und Bindung: Books on Demand GmbH, Norderstedt Germany
ISBN: 978-3-656-21663-6

GRIN - Your knowledge has value

Der GRIN Verlag publiziert seit 1998 wissenschaftliche Arbeiten von Studenten, Hochschullehrern und anderen Akademikern als eBook und gedrucktes Buch. Die Verlagswebsite www.grin.com ist die ideale Plattform zur Veröffentlichung von Hausarbeiten, Abschlussarbeiten, wissenschaftlichen Aufsätzen, Dissertationen und Fachbüchern.

Besuchen Sie uns im Internet:

http://www.grin.com/

http://www.facebook.com/grincom

http://www.twitter.com/grin_com

Universität Paderborn

Institut für Kulturwissenschaft

Fakultät für Germanistik

Seminar: Schrift im urbanen Raum

Wie (nicht-) indexikalisch sind Graffiti?

-

Versuch einer Kategorisierung nach Peter Auer

Eingereicht von:

Bernadette Greiten

Inhaltsverzeichnis

1. Einleitung

Diese Analyse zeigt auf, inwiefern Graffiti mit gängigen Kategorien der *linguistic landscape* zu erfassen sind und wo ihre Grenzen liegen, ausgehend von der Frage nach der Indexikalität von Graffiti. Beginnend mit der aktuellen Forschungslage zu Sprache im urbanen Raum, weise ich bereits auf erste Grenzen hin um sie in der folgenden Analyse anhand ausgesuchter Kriterien vertiefend zu erläutern und zusammenfassend unter dem Punkt Ergebnis und Ausblick schließlich mit Blick auf die Zukunft zu betrachten.

2. Aktuelle Forschungslage mit kritischer Reflektion

Die Erforschung der *linguistic landscape* ist ein relativ neues Feld der Linguistik[1] und der Bereich der Graffiti nimmt hier eine Sonderstellung ein. Schließlich tauchte das erste Graffito im Frühjahr 1972 auf[2] und stellt zum einen somit eine relativ junge Disziplin dar. Zum anderen unterscheidet sich die Materie der Graffiti deutlich von anderen den öffentlichen Raum strukturierenden Zeichen. Inwiefern sich die Graffiti unterscheiden, möchte ich nun anhand von Peter Auers Text „Sprachliche Landschaften. Die Strukturierung des öffentlichen Raums durch die geschriebene Sprache"[3] skizzieren. Auer führt folgende Unterscheidungskriterien an:

a) Granularität

b) Schichtung

c) Materialität

d) Indexikalität

a) Von unterschiedlicher Auflösung der Schrift spricht Auer im Terminus „Granularität". Die Größe der Schrift lässt Rückschlüsse auf deren Adressaten zu. Je größer das Zeichen, desto größer die Gruppe der Rezipienten.

Im Bezug auf Grafftit lässt sich zur Granularität keine eindeutige Antwort geben. Es lassen sich sehr wohl kleinere (bspw. Tags) als auch größere Graffiti finden. Jedoch

[1] Auer, Peter (2010). Sprachliche Landschafte. Die Strukturierung des öffentlichen Raums durch die geschriebene Sprache. In Angelika Linke und Arnulf Deppermann (Hrsg.), Sprache intermedial. Berlin, S.273.

[2] Baudrillard, Jean (1978). Kool Killer oder Der Aufstand der Zeichen. Berlin, S. 23, 24.

[3] Auer, Peter (2010). Sprachliche Landschafte. Die Strukturierung des öffentlichen Raums durch die geschriebene Sprache. In Angelika Linke und Arnulf Deppermann (Hrsg.), Sprache intermedial. Berlin, S. 271-298.

lässt sich der Adressatenkreis beim Graffito nicht nur durch die Auflösungsstufe sondern auch durch die Semantik bestimmen, was im Bereich Schrift im urbanen Raum eine Ausnahme darstellen dürfte. Die Buchstabenkombinationen, die für Graffiti verwendet werden, sind nicht für jeden Leser verständlich, wodurch sich meiner Meinung nach in erster Linie die Gruppe der Rezipienten kategorisiert und erst in zweiter Linie nach der Granularität (näheres dazu unter Punkt 4.2.3).

b) Schrift kann in Beziehung zu anderen Schriften, Schildern, Aufklebern etc. gesetzt werden. Auer unterscheidet hier zwischen Ensembles, Diskursen und Schichtungen. Ensembles nennt Auer Schilder, Schriften etc., die sich in unmittelbarer Nähe semantisch aufeinander beziehen. Zeichen, die identisch gestaltet sind und nicht in unmittelbarer Nähe zu finden sind, werden von Auer als Diskurs betitelt. Die einzelnen Zeichen eines Diskurses stehen in einem inhaltlichen Zusammenhang, wie z.B. Wegweiser oder auch Stadtschilder. Eine Schichtung entsteht nach Auer dann, wenn ein Zeichen auf einem bereits vorhandenem angebracht wurde.

Auch in dieser Unterscheidungskategorie ist das Graffito vielschichtig: Es kann als Ensemble auftauchen wie ein Werk mit Signatur (Tag) und Jahreszahl. In Diskursen stehen z.B. Tags, die über die Stadt verteilt angebracht wurden, und als Schichtungen lassen sich die Graffiti kategorisieren, bei denen primäre Graffiti übersprayt werden.

c) Auer ist hier das Kriterium der Dingfestigkeit von Zeichen wichtig, sodass er eine Hierarchie von Inschrift über Aufkleber bis zum Schild vorschlägt. Hintergründig wird so die Frage nach der Zugehörigkeit von umgebenem Raum zum Zeichen behandelt. Das Graffito wird hier ebenfalls nicht gesondert betrachtet, dürfte sich aber im Bereich der Inschrift bewegen, denn auf sie trifft das Argument, welches Auer dazu aufführt, ebenfalls zu: „[…] sie können nur schwer von der Oberfläche des Objekts entfernt werden, auf das sie sich beziehen."[4] Eine berechtigte Frage, die nun auftauchen könnte, wäre, ob sich ein Graffito auf das Objekt, auf dem es angebracht wurde, bezieht – aber dazu mehr unter dem folgenden Punkt.

d) Inwiefern verweist ein Zeichen auf den direkten Raum um es herum, ist Auers nächstes Kriterium. Auf einer ersten Ebene unterscheidet er zwischen Indexikalität und Nicht-Indexikalität.

---

[4] Auer, Peter (2010). Sprachliche Landschafte. Die Strukturierung des öffentlichen Raums durch die geschriebene Sprache. In Angelika Linke und Arnulf Deppermann (Hrsg.), Sprache intermedial. Berlin, S.282.

Ein indexikalisches Zeichen bezieht sich auf seine direkte Umgebung, beispielsweise der Aufkleber „Notausgang" auf einer Tür. Ein indexikalisches Zeichen kann aber auf einer zweiten Ebene auch still gelegter Natur sein. Wie das Putzschild mit der Warnung „Achtung Rutschgefahr", das momentan in der Abstellkammer steht, weil es nicht benötigt wird, der Boden nicht frisch geputzt ist, existieren darüber hinaus weitere Zeichen, deren Relevanz von weiteren Faktoren als dem reinen „Verweispotenzial"[5], wie Auer es nennt, abhängt.

Darüber hinaus gibt es ebenfalls Zeichen, die nicht nur temporär, sondern permanent still gelegt sind. Auer nennt sie die nicht-indexikalischen Zeichen. Das sind Schilder, Inschriften etc., die nur noch einen historischen Wert aber keine aktuelle Relevanz zur Strukturierung im öffentlichen Raum aufweisen.

3. Inwieweit ist das Graffito (nicht-) indexikalisch?

Auer ordnet Graffiti den nicht-indexikalischen Zeichen zu, da sie „[…] oft an beliebigen Orten angebracht oder aufgestellt werden [können] und […] überall in derselben Weise bedeutungsvoll und verständlich [sind]."[6] Anders sieht dies Jean Boudrillard: „Sie, die Graffiti, gehören zur Ordnung des Territoriums. Sie territoralisieren den decodierten urbanen Raum."[7] Dieser Frage gilt es nun weiter nachzugehen: Inwieweit ist das Graffito (nicht-) indexikalisch?

4. Korpusanalyse

4.1 Datensammlung

Meine Datensammlung entstand am 21.05.2011 in Paderborn. Ich suchte explizit nach Graffitis von *UFN*, um so die Indexikalität von Graffiti näher bestimmen zu können. Diese hier beispielhaften Graffiti tauchen an entfernten Orten auf, sind aber dem gleichen Sprayer oder der gleichen Crew zuzuordnen. Die Distanz der Graffiti trägt der Fragestellung nach der Indexikalität derselben Rechnung. Zwei dieser Fotos möchte ich in dieser Ausarbeitung näher betrachten:

---

[5] Ebd. S. 276.
[6] Ebd. S. 279.
[7] Baudrillard, Jean (1978). Kool Killer oder Der Aufstand der Zeichen. Berlin, S. 28.

Foto 1 entstand unter der Brücke zum Ostfriedhof.

Foto 2 entstand unter der Brücke am Piepentumweg.

4.2 Analyse

Foto 1 zeigt den Namen des Spayers in künstlerisch ausgearbeiteter und größerer Form in silber, abgesetzt mit schwarzen Schatten und umrandet in gelb-orange. In selbigem Farbton finden wir im <U> nochmals das Kürzel <UFN>. Der Sprayer *UFN* gibt sich hier als Produzent des größeren *UFN*s aus. Der Einfachheit halber und weil es keine Indizien für einen anderen Sachverhalt gibt, benutze ich den Singular, genauso gut könnte es sich aber auch um mehrere Sprayer oder auch um eine Crew handeln. Im rechten Teil des Graffitos, im <N> finden wir die Zahl *2010*, die meiner Meinung nach Rückschlüsse auf den Zeitpunkt des Sprayens zulässt. Hierbei handelt es sich ganz offensichtlich um die Jahreszahl der Erstellung dieses Graffitos. Auffällig ist, dass der Sprayer sowohl das Tag als auch die Zahl mit einem Punkt in Form eines Aufzählungszeichens, einem Ausrufezeichen und einer Unterstreichung versieht. Ob das ein Zeichen von Individualisierung ist oder eine andere Bedeutung hat, bleibt offen.

Foto 2 zeigt mehrere Graffiti, in deren Mitte das Kürzel <UFN> prangt. Die Graffiti sind in identischem silber-grün angebracht, was als Indiz für den gleichen Sprayer als

Urheber schließen lassen könnte. Auch lassen sich auf dieser Ebene keine Schichtungen feststellen, wie sie für Graffiti nicht untypisch sind - ein weiteres Indiz für den gleichen oder auch für befreundete Sprayer. Das Graffito *UFN* wird auch hier wieder schattiert dargestellt. Auch eine Umrandung ist zu sehen, dieses Mal allerdings in pink. Unterhalb des Graffitos ist die Zahl *2010* in ähnlicher Manier wie bei Foto 1 angebracht. Identisch ist der Punkt vorneweg und die Schreibung der *2*, ähnlich einem *Z*. Ansonsten sind aber auch einige Unterschiede zu erkennen: Die Zahl ist nicht unterstrichen und auch nicht direkt auf dem Graffito angebracht. Auch hat der Künstler das Graffito nicht signiert. Ein UFN als Tag ist zwar ganz links im Foto zu erkennen, lässt sich aber nicht direkt dem Graffito zuordnen.

4.2.1 Was zeigt sich im direkten Vergleich der beiden Orte?

Die Brücke am Piepenturmweg weist insgesamt fünf Tags, die aus *UFN* bestehen, auf. Hierbei handelt es sich ganz offensichtlich um eine Fläche, die des Öfteren von einem Sprayer mit dem Kürzel *UFN* heimgesucht wird, während sich unter der Brücke am Ostfriedhof nur ein Graffito von *UFN* finden lässt. Am Piepenturmweg, dessen Brücke sehr abgelegen liegt, lässt sich in Ruhe arbeiten, was am Ostfriedhof in unmittelbarer Nähe zum inneren Ring nicht gegeben ist. Ob dies ein ausschlaggebendes Kriterium ist, bleibt unbeantwortet. Eine andere These ist die Wichtigkeit der exponenten Lage der Brücke am Ostfriedhof: Ist es von Bedeutung, dass an dieser Stelle, in unmittelbarer Nähe zur Innenstadt und mit einigem Durchgangsverkehr, ein Sprayer sein Kürzel *UFN* hinterlässt? Die Graffiti unter der Brücke am Piepenturmweg dürften trotz ihrer Größe und Sichtbarkeit indessen relativ unbemerkt bleiben. Auch diese Frage bleibt unbeantwortet.

4.2.2 Welche Materialität weisen die Graffiti auf?

Beide Graffiti wurden mit einer mit Farbe gefüllten Dose auf die Wand gesprüht. Wir haben es hier, wie von mir bereits unter Punkt 2 c) ausgeführt, mit einer hohen Dingfestigkeit zu tun. Das Graffito lässt sich nur schwer entfernen, ist quasi mit der es transportierenden Oberfläche verschmolzen.

4.2.3 Was sagt die Granularität über die Adressaten aus?

Beide Graffiti haben eine hohe Auflösung. Sie sind groß und flächendeckend gestaltet, Tags und Zahl jeweils kleiner in unmittelbarer Nähe oder auf dem Graffito selbst angebracht. Nur von der Granularität lässt sich nun aber, anders als Auers Beispiels des Gepäcktrolleys der Bahn[8], nicht auf den Kreis der Adressaten schließen. Die Größe der Graffiti ermöglicht jedem ein Ablesen der Buchstaben, doch die Semantik dessen bleibt im Dunkeln. Diese bestimmte Bedeutung und deren Entschlüsselung ist nur einem bestimmten Kreis, der der Sprayer, vorbehalten und somit ist der Punkt der Granularität losgelöst von der Frage nach den Adressaten zu beantworten.

4.2.4 Welche Funktion haben die Graffiti inne?

Welche Funktion hier transportiert werden soll, lässt sich anhand des sich wiederholenden Kürzels *UFN* sagen. Beide Graffiti haben durch das Tag *UFN* markierenden Charakter. Die Aussage lautet: „*UFN* hat das geschrieben. *UFN* war hier." Die bei Baudrillard vorkommenden Comic-Namen[9] haben sich weiterentwickelt. *UFN* ist als Synonym eines Sprayers oder einer Crew zu verstehen. Um beantworten zu können, inwiefern durch die Graffiti Reviere, Gebiete abgesteckt werden, müsste man beispielsweise beide Graffiti über einen längeren Zeitraum beobachten, um evtl. auftauchende Schichtungen dementsprechend analysieren zu können.

4.2.5 Sind die ausgesuchten Beispiele ortsfest oder nicht ortsfest?

Nach Auer sind Graffiti per definitionem nicht-indexikalisch[10]. Ihre Semantik lässt sich unabhängig vom Ort verstehen. Sie sind austauschbar. Wie ich bereits unter Punkt 4.2.4 ausführte, zeigen meine Beispiele Tags eines Sprayers oder einer Gruppe von Sprayern, die sich unter dem Synonym *UFN* sammeln und dies ganz offensichtlich an verschiedenen Punkten der Stadt öffentlich machen (s. Fotos). Die Aussage „*UFN* war hier" oder dergleichen lässt aber auf eine Markierung schließen und diese wäre ortsfest.

Ich gehe insofern mit Auer konform, als dass ich Graffiti durchaus eine gewisse Nicht-Indexikalität zuspreche. Die Graffiti müssen nicht unbedingt direkt auf der Brücke am Ostfriedhof oder auf der am Piepenturmweg angebracht sein. Sie beziehen sich nicht auf den sie direkt umgebenen Raum, aber sie beziehen sich durchaus auf die sie mittelbar umgebene Fläche. Das heißt, nicht die Brücke an sich wird markiert, sondern

---

[8] Auer, Peter (2010). Sprachliche Landschafte. Die Strukturierung des öffentlichen Raums durch die geschriebene Sprache. In Angelika Linke und Arnulf Deppermann (Hrsg.), Sprache intermedial. Berlin, S. 282.

[9] Baudrillard, Jean (1978). Kool Killer oder Der Aufstand der Zeichen. Berlin, S. 24.

[10] Auer, Peter (2010). Sprachliche Landschafte. Die Strukturierung des öffentlichen Raums durch die geschriebene Sprache. In Angelika Linke und Arnulf Deppermann (Hrsg.), Sprache intermedial. Berlin, S. 279.

ein Raum um die Brücke herum. Die Brücke dient dabei nur als Mittel zum Zweck. Der Zweck ist hierbei, die Graffiti gut sichtbar und groß zu platzieren, damit die Markierung für die Rezipienten sofort ersichtlich und evtl. auch schwer zu beseitigen ist, was von der Größe auch auf die Materialität verweist (vgl. 4.2.2 Punkt).

4.3 Fazit

Ich konnte in meiner Analyse gewisse örtliche Unterschiede herausarbeiten, wobei die genauen Hintergründe der Häufigkeit von Graffiti an beiden Orten nicht beantwortet werden konnten und bei Interesse einer weiteren Ausarbeitung bedürfen. Die Materialität weist auf eine gewisse Dingfestigkeit hin, die nah an einer Inschrift ist. Unter Punkt 4.2.3 stellte ich fest, dass die Granularität nur in zweiter Linie die Rezipienten näher bestimmt, sondern dass sich die besondere Semantik in erster Linie für die Definierung der Adressaten verantwortlich zeigt. Nichtsdestotrotz transportiert natürlich ein Graffito eine Bedeutung, die bei den von mir gezeigten Beispielen auch von mir, die ich vermutlich nicht zum expliziten Adressatenkreises der Sprayer-Szene gehöre, verstanden werden konnte, indem ich die Funktion beider Graffiti näher erläuterte. Die Markierung kann wohl hier als vorrangige Funktion gewählt werden. Diese Funktion wiederrum macht auch eine Kategorisierung in das Kriterium der Nicht-Indexikalität unmöglich, da eine Markierung an sich nicht nicht-indexikalisch sein kann. Feststellbar war aber auch, dass es nicht auf den Ort unmittelbar sondern auf den Ort mittelbar des Graffitos begrenzt ist. Das Graffito nimmt also durchaus eine gewisse Ortsfestigkeit und einen Bezug zu dem das Graffito umgebenen Raum auf.

5. Ergebnis und Ausblick

Bei der Überprüfung der Graffiti auf ausgesuchte Kriterien nach Auer fällt schnell auf, dass diese nicht so recht passen bzw. an ihre Grenzen stoßen. Zum einen liegt dies an der relativ jungen Disziplin des Graffitos, das somit noch nicht ausreichend erforscht ist, und, was allerdings genauer zu überprüfen wäre, zum anderen an der transgressiven Eigenschaft dieses Zeichens. Intentionen der Produzenten herauszufinden wird dadurch erschwert, dass man es hier nicht mit einem offiziellen, den Raum zu nutzen berechtigten Ansprechpartner sondern mit jemanden zu tun hat, der diese Autorität willentlich durchbricht und für nichtig erklärt.

Meiner Frage nach der Indexikalität von Graffiti konnte ich unterschiedliche Aussagen von Auer und Baudrillard gegenüberstellen und durch meine Analyse feststellen, dass eine Zuordnung zu Indexikalitität bzw. Nicht-Indexikalität nicht zu treffen ist.

Meiner Meinung nach, reicht Auers Kategorisierung von Indexikalität und Nicht-Indexikalität nicht aus. Denn die Graffiti sind weder dem einen noch dem anderen zu-zurechnen, sie nehmen sozusagen eine Stellung dazwischen ein und machen eine neue Kategorisierung, das Aufstellen einer neuen Ordnung erforderlich.